Flocke

und die Welt der Eisbären

TESSLOFF

Eisbär Flocke
Tiergarten Nürnberg

Text: Susanne Will
Konzept und Lektorat: Birgit Bondarenko, Monika Ehrenreich
Grafik: Plural Design – Büro für Gestaltung, Alexander Nuißl; Gerda Steinbach
Fachliche Beratung: Dr. Dag Encke, PD Dr. Udo Gansloßer, Dr. Helmut Mägdefrau

Wir danken den Mitarbeitern des Tiergartens Nürnberg ganz herzlich für ihre Geduld und Hilfsbereitschaft bei der Beantwortung unserer zahlreichen Fragen und der Beschaffung von Bildmaterial.

Bildquellennachweis
Fotos: Archiv Tiergarten Nürnberg: S. 26 (3), 29ol, 29om; Archiv Tessloff Verlag, Nürnberg: S. 43or (Briefmarke, Münze); Bridgeman Art Library, Berlin: S. 43ru; Corbis, Düsseldorf: S. 18 (Nr. 1, 4), 20m, 32ol, 32or, 40ol, 42ur; Focus, Hamburg: S. 41or; Juniors Tierbildarchiv, Ruhpolding: S. 22o; Laif, Köln: S. 25o (Iglu); Picture Alliance, Frankfurt: S. 4u (2), 6ol, 6mu, 18 (Nr. 2), 19or, 21u, 23 (Robbe, Walross, Seevogel), 25mr, 29or, 32m, 33mr, 34ul, 38ur, 39ul, 39ur, 42ol, 43r (Knut); Pressearchiv, Nürnberg: S. 5ul; Ralf Schedlbauer, © Stadt Nürnberg: S. 3, 5o, 8, 9, 10, 11o (2), 11ml, 11m, 12, 13ol, 13or, 14, 15, 16, 17, 19u (2), 20u, 21mr, 23, 25ur, 27, 29u, 31, 33or (2), 33u, 35, 37, 38o, 41u (4), 43ul, 44u (4), 45, 46, 47; Dr. Mägdefrau, Tiergarten Nürnberg: S. 1, 6mr, 7(2), 11mr, 13ml, 13ul, 21ol; Walter Sumper, Nürnberg: S. 28ul; Wikipedia: S. 43o (Wappen); Wildlife, Hamburg: S. 18 (Nr. 3, 5–9), 20mr, 22m, 24u (Narwale, Eisbär), 28o (2), 30u (2), 34o, 34ur, 36o (2), 38ol, 38um, 40m, 40r (2), 42or; www.nvdzoos.nl: S. 44or
Umschlagfotos: Ralf Schedlbauer, © Stadt Nürnberg; Picture Alliance, Frankfurt
Illustrationen: Petra Graef, www.petragraef.com

Inhalt

Botschafterin für den Klimaschutz

Hunderttausende Menschen auf der ganzen Welt verfolgen im Internet und im Fernsehen, wie die kleine Eisbärin Flocke im Tiergarten Nürnberg aufwächst. Wir hoffen, dass all diese Menschen mit so viel Sympathie für Flocke auch die Gefahren verstehen lernen, die wilden Eisbären in der Natur durch den Klimawandel drohen. Wenn wir unsere Lebensweise nicht sehr bald ändern, wird das Eis der Arktis schmelzen. Die Polarbären werden sich dieser Veränderung nicht schnell genug anpassen können und ihren natürlichen Lebensraum verlieren.

Viele weitere Tierarten sind gefährdet und brauchen unsere Hilfe, nicht zuletzt dadurch, dass wir weniger verschwenderisch mit Rohstoffen umgehen. Letztendlich geht es beim Umweltschutz nicht nur um die Lebensgrundlage von Tieren und Pflanzen, sondern vor allem um das langfristige Überleben der Menschheit.

Auf Flockes Homepage im Internet sind Informationen über den Treibhauseffekt und die Folgen des Klimawandels zusammengestellt und du findest Tipps, wie man die Umwelt schützen kann (www.eisbaer.nuernberg.de).

Flocke und all die anderen tierischen Bewohner freuen sich zusammen mit dem Team des Nürnberger Tiergartens auf deinen Besuch!

Dr. Dag Encke und
Dr. Helmut Mägdefrau

Achim Steiner hat die Patenschaft für Flocke übernommen. Er ist Vorsitzender der UNEP, dem Umweltprogramm der Vereinten Nationen. Dort werden unter anderem Daten und Informationen rund um den Klimawandel gesammelt. Daraus werden weltweite Umweltabkommen entwickelt sowie Maßnahmen, die einen schonenden Umgang mit der Erde ermöglichen.

Klimaproblem Kohlendioxid

CO_2 ist ein natürliches Gas. Jeder Mensch atmet es aus, Pflanzen brauchen es, um Energie für ihr Wachstum zu erzeugen. Als willkommenes „Abfallprodukt" produzieren die Pflanzen dabei Sauerstoff. Durch unseren technischen Fortschritt hat der CO_2-Gehalt jedoch zugenommen: Denn CO_2 ist auch eines der Endprodukte bei der Verbrennung von Kohle, Öl und Gas. Zu viel CO_2 in der Atmosphäre bewirkt, dass die Sonnenwärme von der Erde nicht mehr abgegeben werden kann: Der sogenannte Treibhauseffekt entsteht.

Dr. Nicola Mögel ist Pressesprecherin des Nürnberger Tiergartens.

Warum ist es dem Tiergarten ein so großes Anliegen, umfassend zu informieren?
Nicola Mögel: Wir wollen ein Bewusstsein dafür schaffen, dass Flockes Artgenossen bedroht sind.

Wie können wir unsere Umwelt schützen?

Dr. Nicola Mögel

Wir sollten, sooft es geht, das Auto stehen lassen und lieber die Bahn benutzen – oder radeln! Und beim Einkaufen nach Möglichkeit auf Umweltsiegel achten.

Fängt Klimaschutz schon im Kühlschrank an?
Ja, tatsächlich, zum Beispiel beim Fleisch: Wir sollten wenig davon essen, denn man braucht viel Energie, Futter und Wasser, um Fleisch zu produzieren.

Auf Flockes Internetseite informieren Sie auch über Eisbären-Projekte.
Ja, zum Beispiel über die Forscher der Artenschutzorganisation WWF, des World Wildlife Fund: Sie untersuchen, wie wilde Eisbären auf den Klimawandel reagieren.

Für diese Forschung braucht man aber Geld. Soll Flocke also auch ein bisschen Werbung machen?
Es wäre schön, wenn über Flocke Spenden zusammenkommen würden.

8. Januar 2008: Viel zu früh bringt Bärin Vera ihr Jungtier aus der Wurfhöhle ins Freie.

Kleiner Eisbär im Nürnberger Tiergarten

Flocke muss von ihrer Mutter getrennt werden

11. DEZEMBER 2007: GEBURT IM VERBORGENEN

Flocke war nicht der einzige Eisbärennachwuchs in Nürnberg: Neben Vera hatte auch Bärin Vilma Junge bekommen – sie hatte Zwillinge. Das erkannten die Tiergartenmitarbeiter an den unterschiedlichen Schmatzgeräuschen, die die Jungen beim Säugen machten. In die Wurfhöhlen hineinsehen konnte niemand: Die Muttertiere hätten das als zu große Störung empfunden.

7. JANUAR 2008: VILMAS BABYS SIND VERSCHWUNDEN

Vilma verhielt sich sehr ungewöhnlich: Sie schlug mit der Pranke gegen das Gitter und wollte aus ihrer Höhle heraus. Diese war leer – sie hatte ihre

beiden Jungen gefressen. Möglicherweise waren die Kleinen krank geworden. Vielleicht hatte auch eine Störung Vilma so verunsichert, dass sie die Aufzucht aufgegeben hatte. Was genau passiert ist, kann man leider nicht mehr feststellen.

8. JANUAR 2008: FLOCKE WIRD GERETTET

Nur einen Tag später schleppte Vera ihr Junges nach draußen – viel zu früh. Eigentlich bleiben Bärinnen bis zu drei Monate mit ihren Jungen in der Wurfhöhle. Vera suchte nach einem

Tierpfleger Hager musste das Jungtier von der verzweifelt kämpfenden Vera trennen.

sicheren Ruheplatz für sich und ihr Junges – vergeblich. In ihrer Unerfahrenheit ließ sie das Kleine mehrmals fallen. Die Mitarbeiter des Tiergartens hatten Sorge, dass auch dieses Junge sterben würde. In einem günstigen Moment konnten

Mutter und Kind durch einen Schieber getrennt werden. Während Vera aufgebracht brüllend auf- und ablief, untersuchte der Tierarzt das Junge. Es war gesund.

SCHWIERIGE ENTSCHEIDUNG

Mutter und Kind noch einmal zusammenzubringen, erschien den Experten zu gefährlich. Daher entschied der Zoo: Das Eisbärenbaby wird mit der Flasche großgezogen.

Nach der Trennung ruhte sich Flocke frisch gesäubert im Heubett aus.

9. JANUAR 2008: IN MENSCHLICHER OBHUT

Damit begann die schwierige Flaschenaufzucht. Einen Tag später war klar: Das Kleine ist ein Mädchen, schneeweiß wie eine Flocke. Rund um die Uhr kümmerten sich von nun an vier Pfleger im Schichtwechsel um das Tier. Flocke wurde zum Liebling vieler Menschen auf der ganzen Welt.

Dr. Dag Encke ist Direktor des Nürnberger Tiergartens.

Herr Dr. Encke, was hätten Sie sich für die kleine Eisbärin gewünscht?

Das Beste, was einem Eisbärenkind passieren kann: die natürliche Aufzucht bei der Mutter.

Hätte Flocke überlebt?

Nein. Die Tierpfleger mussten eingreifen, damit sie eine Überlebenschance hatte.

Was sind die Probleme bei der Handaufzucht?

Da ist zum einen die Fehlprägung auf Menschen und dass die Pfleger Flocke nicht alles beibringen können. Hinzu kommt, dass Naturaufzuchten meist robuster sind. Außerdem könnte Flocke später selbst Schwierigkeiten mit der Aufzucht ihrer Babys haben.

Sucht der Zoo nach einem Spielkameraden?

Ja, denn Flocke könnte von einem gleichaltrigen Bären lernen. Außerdem werden sich die Pfleger zurückziehen müssen, wenn Flocke etwa ein halbes Jahr alt ist – dann ist das Spiel mit ihr zu gefährlich. Doch die Suche nach einem bärigen Freund ist schwierig: Kaum ein Zoo will oder kann einen Bären in diesem Alter abgeben.

Wie reagierte die Öffentlichkeit?

Viele Menschen begrüßten die Entscheidung zur Flaschenaufzucht. Wenn Flocke die ersten Monate nicht überlebt hätte, wäre umgekehrt sicher harte Kritik über uns hereingebrochen. Manche Menschen sind generell gegen die Haltung von Eisbären im Zoo. Andere hielten uns vor, dass wir uns dem Druck der Medien gebeugt hätten. Für uns war das nicht leicht: Wir wollten diesen Wirbel nicht.

Eine wahre Zwickmühle …

Ja, eine unbestritten richtige Entscheidung konnten wir in diesem Fall nicht treffen. Wir freuen uns jetzt aber sehr, dass sich die kleine Bärin so gut entwickelt hat.

Schlafen, trinken, kuscheln

15. Januar

10. Januar

Flocke öffnet allmählich die Augen. Die kleine Bärin kann nach und nach immer besser sehen.

Flocke schläft unter einer Wärmelampe und schmiegt sich an ihr Kuscheltier. Wenn sie Hunger hat und schreit, können sie die Tierpfleger über ein Babyfon hören und sofort kommen.

21. Januar

17. Januar

Flocke braucht viel Körperkontakt. Die Fellpflege tut der Kleinen sichtlich gut.

Flocke wird immer beweglicher. Inzwischen zappelt sie schon ganz schön beim Trinken und zerlegt mit ihren Krallen so manchen Handschuh. Doch wenn ihr Hunger gestillt ist, ist sie wieder ganz brav.

25. Januar

Flocke geht es prima! Sie versucht sich selbst umzudrehen und kugelt auf ihren Decken hin und her.

Im Januar schlief Flocke täglich 20 Stunden mit vielen kurzen Unterbrechungen. Wie bei einem Kleinkind verändert sich auch Flockes Schlafrhythmus stetig. Im April schlummerte Flocke sechs bis zehn Stunden täglich, den größten Teil davon nachts. Wie lange erwachsene Eisbären schlafen, weiß man nicht genau, da sie sich zum Schlafen meist zurückziehen und bei Störungen sofort wach werden.

28. Januar

Wenn Flocke Hunger hat, sich einsam fühlt oder unglücklich ist, dann beginnt sie laut zu schreien – bis Hilfe kommt!

7. Februar

31. Januar

Flocke kann sich immer besser hochstemmen und versucht zu krabbeln.

Die ersten Zähnchen des Milchgebisses brechen durch. Um Flocke das schmerzhafte Zahnen zu erleichtern, massieren ihr die Tierpfleger die Kauleisten.

Flocke wird zum Räuber

11. Februar

14. Februar

Flocke ist jetzt zwei Monate alt und entwickelt sich prächtig. Neugierig untersucht sie ihre Spielsachen.

Flocke zieht in eine größere Box um. Die Tierpfleger und ihre gewohnten Kuscheltiere helfen bei der Umgewöhnung.

25. Februar

6. März

Flocke klettert und springt wie ein wilder Eisbär. Sie wird immer robuster. Ihre Tierpfleger können jetzt Handschuhe und Mundschutz ablegen.

Am meisten genießt es die kleine Bärin, mit ihren Betreuern zu spielen, zu raufen und zu kuscheln.

10. März

12. März

Flocke bekommt nun auch Milchbrei mit Hundefutter aus dem Napf. Am Anfang fällt ihr der Abschied von der Flasche schwer, bald jedoch schlabbert sie ihr neues Futter gern.

Flocke darf nach draußen! An einem geschützten Platz im Freien lernt sie Wasser kennen.

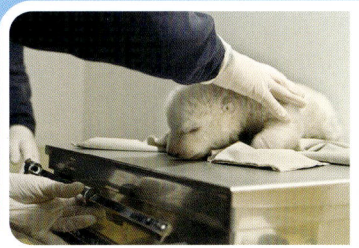

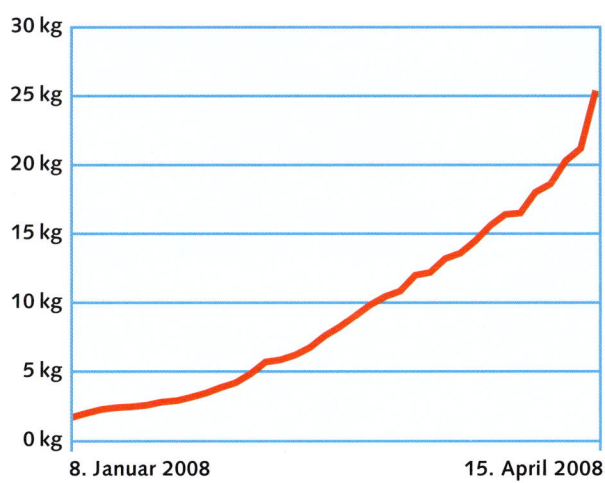

30 kg
25 kg
20 kg
15 kg
10 kg
5 kg
0 kg

8. Januar 2008   15. April 2008

Flockes Futter ist sehr energiereich, sodass die kleine Bärin innerhalb von drei Monaten 20 Kilogramm zulegte. Anfangs konnte man das kleine Bündel einfach auf die Waage legen, danach benutzten die Pfleger eine Wanne, damit Flocke nicht herunterpurzeln konnte. Später war eine großflächige Waage nötig, um ihr genaues Gewicht zu ermitteln. Tendenz: weiter schnell steigend.

Schwimmen, klettern, die Welt erkunden

Die kleine Bärin lernt schwimmen und liebt es sehr.

18. März

Flocke darf erstmals Gras beschnüffeln. Immer mehr wird die Kleine nun mit fremden Keimen in Berührung gebracht, um sie für ihr Leben in der Eisbärenanlage vorzubereiten.

19. März

Unbemerkt von den Besuchern des Tiergartens darf Flocke in den frühen Morgenstunden das leer stehende Raubtiergehege erkunden.

29. März

Zu ihren Lieblingsspielzeugen gehört ein Schrubber. Damit lässt sich eine ganze Menge anfangen …

2. April

In ihrem Spielgehege kann Flocke nach Herzenslust buddeln und sich in weichen Holzspänen wälzen.

3. April

Flockes Schwimmbecken wird zum Vergnügen der kleinen Wasserratte mit immer mehr Wasser gefüllt.

9. April

Der große Tag ist gekommen: Flocke wird der Öffentlichkeit vorgestellt.

18. April

Flocke genießt den Aufenthalt in ihrem großen Gehege mit den vielen Beschäftigungs- und Entdeckungsmöglichkeiten.

Kurz nach der Trennung von ihrer Mutter war Flocke ganze 35 cm lang. Am 21. Februar, zehn Tage später, maß sie bereits 48 cm. Am 27. Februar war sie schon 65 cm groß und legte bis zum 7. März noch einmal 14 cm nach. Bis zum 7. April hatte die kleine Bärin eine Länge von 85 cm erreicht. Damit entspricht ihr Wachstum bisher dem ihrer wilden Artgenossen.

Wer kümmert sich um Flocke?

Weil Flocke in den ersten Monaten nicht allein gelassen werden durfte, kümmerten sich vier Tierpfleger um sie: Harald Hager, der Revierleiter, Horst Maußner, den alle nur „Mausi" nennen, Petra Fritz, die im Tiergarten lebt, und Stefanie Krüger, die mit 27 Jahren die Jüngste ist. Die Vier arbeiteten im Schichtwechsel. Petra Fritz war meistens nachts für Flocke da und lebte praktisch Tür an Tür mit ihr. Wenn sie Flockes Hunger-schreie über das Babyfon hörte, mixte sie ihr eine Flasche, fütterte sie und massierte ihr anschlie-ßend den Bauch – genau wie es eine Eisbären-mutter mit der Zunge machen würde. Durch die Massage können die Bärenbabys besser verdau-en. Die Pfleger schrieben ganz genau auf, was und wie viel Flocke am Tag getrunken hatte, wie schwer sie war, wie oft sie Kot und Urin abgab und ob etwas Besonderes passiert war.

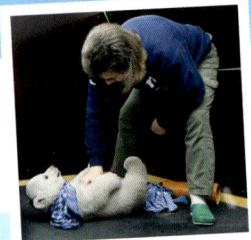

Harald Hager

Alter: 53

Im Tiergarten seit 1971, damals begann er die Lehre als Tierpfleger.

Seine Arbeitsplätze: Harald Hager ist Chef des Raubtierreviers, zu dem auch das Tropenhaus ge-hört. Er hatte bereits Erfahrung mit der Flaschen-aufzucht, und zwar bei Braun- und Kragenbären.

Horst „Mausi" Maußner

Alter: 45

Im Tiergarten seit 1979, damals begann er seine Ausbildung.

Seine Arbeitsplätze: Bis 1992 pflegte Horst Mauß-ner auch noch andere Tiere, jetzt ist er für die Raubtiere und das Tropenhaus zuständig.

Stefanie Krüger

Alter: 27

Im Tiergarten seit 1998, auch sie wurde im Nürnberger Tiergarten ausgebildet.

Ihr Arbeitsplatz: Seit dem Ende der Lehre arbeitet sie im Raubtierrevier.

Petra Fritz

Alter: 41

Im Tiergarten seit 1982, sie wurde ebenfalls hier ausgebildet.

Ihre Arbeitsplätze: Bevor sich Petra Fritz um Flocke kümmerte, pflegte sie die Tiere im Streichelzoo und im Raubtierrevier.

Wir haben Harald Hager befragt, als Flocke etwa 10 Wochen alt war.

Die Aufgaben bei Flockes Pflege veränderten sich im Laufe der Zeit.

Warum pflegen Sie Flocke nicht allein?
Harald Hager: Ich allein hätte die Arbeit nicht geschafft. Außerdem sollte sich Flocke nicht nur an mich gewöhnen. Wenn ich krank geworden wäre, hätte Flocke vielleicht kein Vertrauen zu einem anderen Tierpfleger gehabt.

Hat sich die kleine Bärin schnell entwickelt?
Man konnte von Woche zu Woche zusehen. Am Anfang konnte Flocke sich nicht einmal allein umdrehen. Als sie das schließlich schaffte, begann sie, sich mit den Vorderpfoten nach vorne zu ziehen. Bald hatte sie genügend Kraft in den Hinterbeinen – und stand auf allen vier Pfoten.

Was hat sich noch verändert?
Früher ist Flocke nach der Flasche immer sofort in einen tiefen Schlaf gefallen. Dabei hat sie sich ganz nah an einen Stoffeisbären gekuschelt – sie dachte wohl, das sei ihre Mutter.

Und als sie größer wurde, brauchte sie weniger Schlaf?
Ja – und sie wollte immer mehr spielen. Deshalb legten wir uns zu ihr in die Box, kraulten sie und schmusten mit ihr.

Wie spielt Flocke denn?
Sie balgt sich mit uns um die Decke, da können wir schon richtig Tauziehen spielen! Außerdem knabbert sie gern an unseren Schuhen.

Wurde sie auch schlauer?
Und wie! Sie hat bald herausbekommen, dass man die Tür zur Box öffnen kann – und auf einmal stand ein kleiner Eisbär im Flur!

Entwickelt Flocke schon Bärenkräfte?
Oh ja! Wir haben oft blaue Flecken und Kratzer an den Armen, weil Flocke so wild spielt. Dann schimpfen wir auch mal mit ihr. Das ist für die Eisbärenbabys etwas Normales. Denn auch die Eisbärenmutter macht ihren Kindern deutlich, wenn sie ihre Ruhe haben will.

Als Flocke robuster wurde, durfte sie die ersten Ausflüge von ihrem Aufzuchtzimmer in einen geschützten, keimarmen Außenbereich unternehmen.

Wenn ihre vertrauten Pflegerinnen dabei sind, ist Flocke selbstbewusst genug, die Welt zu erobern.

Mit Horst Maußner spielt Flocke auch bei Regenwetter gern draußen. Spielerisch lernt sie dabei wichtige Fertigkeiten.

Flocke und ihre Spielkameraden

In den ersten Monaten waren für Flocke die Pfleger ihre Spielkameraden. Doch die Zoomitarbeiter mussten aufpassen, dass Flocke nicht zu sehr auf den Menschen geprägt wird. Wenn Flocke allein spielte, mischten sich die Pfleger nicht ein. Nur wenn das Eisbärenbaby Kontakt suchte, waren sie zur Stelle. Um Flocke so tiergerecht wie möglich groß werden zu lassen, suchte der Zoo nach einem gleichaltrigen Bärenkind, mit dem sie toben, spielen und ihre Kräfte messen sollte.

Nach ihrem Einzug ins Freigehege kümmerten sich die vier Pfleger in den ersten Wochen weiterhin im Schichtdienst um Flocke. Es musste auch für ihre Beschäftigung gesorgt werden. Daher bekam sie jede Menge „Spielzeug" ins Gehege: Flocke konnte Holzstücke umwerfen, in Bälle hineinbeißen oder ihnen hinterherrennen und außerdem gab es interessantes Futter. Wenn ihr zu langweilig war, spielten die Pfleger anfangs noch mit ihr, solange das gefahrlos möglich war.

Flocke beim Tierarzt

Dr. Neurohr hat Flocke in den ersten Wochen und Monaten jeden Tag genau untersucht. Denn die Kleine war sehr anfällig für Krankheiten. Ihr Körper hatte kaum Abwehrstoffe gegen Infektionen wie Husten oder Schnupfen. Ob es Flocke gut ging, konnte der Tierarzt am besten aus ihrem Kot ablesen. Würmer hat Dr. Neurohr glücklicherweise nie gefunden. Einmal bestand jedoch die Gefahr, dass Flocke eine gefährliche Verstopfung haben könnte – doch sie blieb gesund. Auch ihre Temperatur wurde regelmäßig gemessen: Sie liegt wie beim Menschen zwischen 36,5 und 37,5 Grad Celsius.

Alle Untersuchungsergebnisse und die Aufzeichnungen der Pfleger zeigten: Flocke ist kerngesund. Sonst hätte Dr. Neurohr auch nicht sein Einverständnis gegeben, Flocke am 9. April zum ersten Mal dem Publikum im Freigehege vorzu-

stellen. Flocke war damals vier Monate alt und wurde noch immer genau untersucht. Dr. Neurohr verglich Flockes Gesamtzustand mit dem frei lebender Bärenkinder: Sie wog mit 21,2 Kilogramm genauso viel wie ihre Kameraden im Eis. Knut, das Berliner Flaschenkind, wog mit vier Monaten nur die Hälfte. Doch Flocke war kein Pummelchen: Sie war durch die Muttermilch in den ersten vier Wochen einfach robuster.

Dr. Bernhard Neurohr

Alter: 55 Jahre

Im Tiergarten ist der Tierarzt seit 1999 beschäftigt, er kümmert sich mit seiner Kollegin Dr. Katrin Baumgartner um alle Tiere – von der Schlange bis zum Nashorn. Ein Lieblingstier hat Dr. Neurohr nicht.

Um Flocke vor Keimen zu schützen, trugen Dr. Neurohr und die Pfleger lange Zeit Mundschutz und Handschuhe.

Zu den Großbären gehören Grizzly (Braunbär) (1), Schwarzbär (5), Großer Panda (7) und Lippenbär (8). Zu den Kleinbären zählen Katzenfrett (2), Nasenbär (3), Waschbär (4) und Kleiner Panda (9).

Flocke und ihre wilden Verwandten

Der Eisbär gehört zur Familie der Großbären wie Schwarzbär, Großer Panda oder Braunbär. Großbären gibt es auf der ganzen Welt, außer in Afrika, der Antarktis und Australien. Zu den Kleinbären gehören zum Beispiel Waschbären, Nasenbären und Katzenfrette. Abgesehen von der Größe ist der wichtigste Unterschied der lange Schwanz, den die Kleinbären zum Klettern brauchen. Dagegen haben Großbären sehr breite Schultern, einen langen, massigen Schädel und einen kräftigen Körper. Dieser steht auf stämmigen Beinen mit breiten Tatzen. Obwohl die Bären schwerfällig wirken, sind sie schnelle Läufer: Sie können bis zu 55 Kilometer in der Stunde rennen. Wenn sie sprinten, tun sie das wie Menschen: Die Sohlengänger treten dann nur mit dem vorderen Teil des Fußes auf. Die Krallen sind das beste Werkzeug der Bären: Sie können damit z. B. klettern, nach Nahrung graben oder wie die Lippenbären steinharte Termitenhügel aufbrechen.

Die Geschichte der Bären

Der Eisbär ist der jüngste aller Bären, diese Art gibt es erst seit 200 000 bis 300 000 Jahren. Einige Braunbärenfunde sind dagegen 1,2 Millionen Jahre alt. Die erste Bärenart entwickelte sich vor 25 bis 30 Millionen Jahren! Nach heutigen Erkenntnissen stammt der Eisbär vom Braunbären ab. Wenn Eisbären zur Nahrungssuche die Küsten verlassen müssen, treffen sie im Inland manchmal auf Braunbären. Sehr selten paaren sie sich sogar. Bereits die alten Römer kannten etwa im Jahr 50 n. Chr. weiße Bären. Japanische Autoren haben im Jahr 650 über die Felle der Eisbären und über lebende Polarbären geschrieben. Im Jahr 880 wurden erste Beobachtungen des Königs der Arktis in Skandinavien notiert. Der große Entdecker und Weltenbummler Marco Polo erwähnte die Tiere in seinen Reiseberichten im 13. Jahrhundert.

Da Flocke ohne Kontakt zu Artgenossen aufwächst, wollten ihr die Tierpfleger wenigstens zeigen, wie Eisbären aussehen, und hängten daher Anfang Februar einen Spiegel in ihre Box. Erfahrungen mit Greifvögeln zeigen, dass man mithilfe des Spiegels eine Fehlprägung auf den Menschen vermeiden oder mindern kann.

Flocke war neugierig, sie ging ganz nah an den Spiegel heran und schleckte ihn ab. Sich selbst erkennen konnte sie jedoch nicht.

19

Der König der Arktis

Eisbären können bis zu 3,50 Meter groß werden. Männliche Tiere wiegen im Herbst etwa 800 Kilogramm, Weibchen bis zu 550 Kilogramm. Kein Wunder also, dass Eisbären an Land manchmal tapsig und schwerfällig wirken. Doch kaum begibt sich ein Eisbär ins Wasser, bewegt er sich sehr wendig. Die Vorliebe für das Wasser verrät auch sein lateinischer Name „Ursus maritimus", was „Meerbär" heißt. Als ausdauernde Schwimmer können Eisbären über 100 Kilometer am Stück schwimmen, um das Eismeer zu erreichen. Die Lage aller wichtigen Sinne ist auf das Schwimmen abgestimmt: Wenn der Eisbär seinen Kopf nur wenig aus dem Wasser streckt, kann er gleichzeitig sehen, riechen und hören, weil

Augen, Nase und Ohren auf einer Höhe liegen. Unter Wasser verschließt der Eisbär die Nase. Er sieht dort gut. An Land braucht ein Eisbär vor allem Schutz gegen die beißende Kälte, die in der Arktis herrscht. Dagegen helfen eine dicke Fettschicht, die am Bauch bis zu 25 Zentimeter dick werden kann, und sein Fell. Die Haut der Tiere ist schwarz und nimmt durch das spezielle Fell die Wärme der Sonne auf.

Durch ihren kompakten Körperbau mit kleinen Ohren und Schwänzchen verlieren Eisbären weniger Körperwärme.

Kalte Füße kennt der Eisbär nicht: Er hat Fell an den Pfoten. Die Krallen wirken wie Spikes, sodass er nicht ausrutscht.

Flocke hat in ihrem Gehege etwas Neues entdeckt: Eine Ente ist zu Besuch.

Selbst wilde Bärenkinder brauchen manchmal eine Pause.

Flocke und der Sommer

Wenn sich ein Eisbär bei großer Hitze anstrengt, kann er leicht überhitzen und muss sich abkühlen. Es ist jedoch ein Irrtum, anzunehmen, dass Eisbären unter Hitze mehr leiden würden als andere Tiere, die im Sommer ebenso im Schatten Schutz suchen und sich kaum bewegen. Dr. Helmut Mägdefrau, der stellvertretende Zoodirektor, sagt: „Eisbären vertragen die Hitze gut. Selbst bei 30 Grad Celsius im Schatten legen sie sich auf die heißen Felsen oder auf den warmen Sand und nehmen ein Sonnenbad." Zum Abkühlen steht Flocke das Wasserbecken zur Verfügung. Bis die Haut der Eisbären schwarz wird, um die Wärme der Sonne besser speichern zu können, dauert es. Das Fell der Bären, die in unseren Zoos leben,

wird nicht so lang wie das ihrer Artgenossen im ewigen Eis der Arktis. Aber auch dort müssen Eisbären mit Wärmeperioden zurechtkommen. In Churchill (Kanada), der Eisbären-Hauptstadt, klettern die Temperaturen im Sommer regelmäßig auf über 30 Grad Celsius.

Auch Eisbären genießen Sonnenschein.

Die dunklen Nasen der Bären sind in der hellen Arktis weithin sichtbar.

Ein Bär nimmt Witterung auf.

Weißes Fell und feine Nasen

Eisbären sind durch ihr weißes Fell kaum von der Umgebung im Schnee zu unterscheiden. Das hilft ihnen, bei der Jagd nicht entdeckt zu werden. Das Einzige, woran man sie erkennen kann, ist ihre pechschwarze Nase. Doch Eisbären sind klug: Wenn sie auf der Lauer liegen, halten sie sich oft die weiße Pranke vor die Schnauze, damit sie von ihrer eigenen Nase nicht verraten werden. Um ihre Beute zu finden, haben sich Eisbären zu wahren Geruchskünstlern entwickelt. Sie können einen gestrandeten Wal auf mindestens zehn Kilo-

meter Entfernung riechen. Das führt allerdings auch dazu, dass Eisbären in Norwegen und Kanada öfter auf zeltende Touristen treffen. Wenn Camper nämlich ihr schmutziges Geschirr nicht abspülen, werden Eisbären von diesem Duft magisch angezogen.

Im Sommer, wenn Eisbären nicht zur Robbenjagd auf das Eis können, fressen sie auch Beeren. Weil sie dabei die reifen von den grünen Früchten unterscheiden müssen, können Eisbären sogar Farben unterscheiden.

Flockes Nase verrät ihr, ob sich etwas als Futter eignet. Im Außengehege regen viele interessante Düfte ihre Sinne an.

Flockes guter Riecher

Nach etwa fünf Wochen öffnete Flocke zunächst das linke, dann das rechte Augenlid. Am Anfang konnte sie nur Licht und Schatten unterscheiden. Sie musste wie ein Menschenkind erst lernen, die Sinneseindrücke ihrer Augen zu verstehen. Ihre Augenfarbe veränderte sich von Dunkelbraun mit einem leichten Schleier zum heutigen Schwarz. Die Pfleger merkten schnell, dass Flocke die gute Nase der Eisbären entwickelte. Selbst wenn sie versuchten, sich an das schlummernde Eisbären-baby heranzuschleichen, schnupperte es noch im Schlaf und erkannte sofort den vertrauten Geruch der Pfleger. Als Flocke im Außengehege lebte, wurde ihre feine Nase immer wieder trainiert: Der Boden des Steinhauses, in dem das Eisbären-mädchen lebt, ist mit Rinde und Erde bedeckt. Die Pfleger versteckten dort Futter. Sobald Flocke in der Nähe dieser Überraschungen war, krochen ihr die Düfte in die Nase und sie begann, danach zu graben – mit Erfolg!

Innerhalb weniger Tage öffnete Flocke die Augen.

Lebensraum Arktis

Etwa 25 000 Eisbären leben in der Arktis rund um den Nordpol, in Kanada, Sibirien, Alaska und auf Grönland. Die Arktis ist kein Kontinent wie die Antarktis an der Südhalbkugel. Sie besteht aus einem zugefrorenen Meer, das an Russland, Kanada und Grönland grenzt. In diesen kalten Eiswüsten, in denen alles weiß und oft eben ist, kann man sich leicht verlaufen. Auch Piloten verlieren hier manchmal die Orientierung, Eisbären jedoch nicht. Wissenschaftler vermuten, dass der Eisbär das Magnetfeld der Erde erkennt und sich daran orientiert. Die Streifgebiete der Bären sind riesig. Sie müssen weit wandern, um ausreichend Beute zu finden.

Ihre wichtigste Beute finden sie auf dem Packeis: Dort leben viele Wasserraubtiere wie Ringel- und Sattelrobben oder Walrosse. Weiter im Landesinneren leben große Herden von Moschusochsen und Karibus, das sind nordamerikanische Rentie-re. Sie wandern im Winter in die eisfreien Gegenden. Dort fressen sie Gras, Moose und Flechten. Pinguine gibt es in der Arktis keine: Sie leben auf der Südhalbkugel. Doch am Nordpol sind rund 50 andere arktische Seevögel wie Lummen, Alke, Papageientaucher und Möwen zu Hause.

Im Sommer gibt es in der arktischen Tundra viele kleine Tiere: Insekten, Schneehasen und Lemminge, Schneehühner und zahlreiche andere Vogelarten.

Robben, Narwale, Walrosse und Seevögel wie der Eissturmvogel gehören zur Beute von Eisbären.

Eisbären haben kaum natürliche Feinde und ziehen meist allein durch die Eiswüste. Polarfüchse folgen ihnen manchmal, um ihre Futterreste zu ergattern.

Das Iglu wird nur noch selten als Jagdunterkunft gebaut, heute leben die Inuit in modernen Siedlungen.

Menschen in der Arktis

Auch Menschen wohnen in der kalten Arktis: Die Inuit leben in Nordkanada. Ihre Nachbarn sind die Tschuktschen in Nordost-Sibirien, die Dolganen leben auf einer sibirischen Halbinsel. Manche von ihnen sind Nomaden. Wenn sie ihre Standorte wechseln, wird ihr Hab und Gut von Rentieren gezogen. In Nordsibirien sind die Nenzen zu Hause, im Norden Norwegens die Sami. Die Inuit nennen den Eisbären ehrfürchtig „Nanuk", den „großen Wanderer". Sie dürfen nur eine bestimmte Anzahl Eisbären jagen. Das tun sie hauptsächlich wegen seines warmen Pelzes. Eisbärenfleisch steht bei den Inuit selten auf der Speisekarte. Sie bevorzugen Fisch oder Robben und Wale. Fett und Talg dieser Tiere liefern den Inuit Brennstoff für Lampen, aus den Häuten fertigen sie robuste Kleidung an. Die Häute sind der beste Schutz vor der beißenden Kälte: Im Sommer ist es am Nordpol etwa null Grad „warm".

Im Winter sinken die Temperaturen auf minus 40 Grad Celsius. Dazu geht die Sonne nicht auf: Im Winter bleibt es dunkel. Dafür geht sie im Sommer nie unter und es bleibt rund um die Uhr hell.

Im Nürnberger Zoo haben die Eisbären 1 700 Quadratmeter Platz. Das klingt klein, doch die Tiere müssen hier nicht im weiten Umkreis nach Futter suchen. Schnee ist bei uns eher eine seltene Abwechslung, die Flocke bei ihren Ausflügen sehr genießt.

In modernen Anlagen wie in Nürnberg können Bären tauchen und schwimmen und dabei auch von den Besuchern beobachtet werden.

Lebensraum Zoo

Schon seit fast 100 Jahren leben im Nürnberger Tiergarten Eisbären. 2004 wurde der Aquapark erbaut. Seitdem streifen die Eisbären durch das neue Gehege. Ihre Nachbarn dort sind Pinguine, Robben, Otter und Biber. Obwohl Eisbären als Einzelgänger gelten, teilen sich im Zoo meistens zwei Tiere das Gehege. Solange Eisbären genügend Futter haben, leben sie auch in freier Wildbahn problemlos in Gesellschaft mit ihren Artgenossen. Sie werden erst zu Einzelgängern, wenn sie zu wenig Beute finden. Um satt zu werden, jagen die Eisbären dann lieber allein. Doch im Tiergarten haben alle genug zu fressen. Die Pfleger werfen das Futter täglich von außen in den vier Meter tiefen Wassergraben. In das Gehege darf niemand, denn Eisbären sind gefährliche Raubtiere. Zähmen kann man die weißen Petze nur sehr schwer. Manchmal frieren die Tierpfle-

ger das Futter als Eisbombe ein. Dann haben die Bären sehr viel Spaß daran, ihre Leckerbissen aus dem Eis herauszubeißen.

Früher waren Gehege nach menschlichen Bedürfnissen gestaltet: leicht zu reinigen und zu überblicken, da man dachte, das sei artgerecht. Durch die genaue Beobachtung

ihrer Schützlinge und eine veränderte Tierethik entwickeln Zoos seither immer bessere Wege, Tiere so naturnah wie möglich zu halten.

Flocke braucht Platz

Durch Flockes Geburt musste das Eisbärengehege in Nürnberg neu geordnet werden: Vera und Felix, die sich schon immer gut verstanden haben, blieben zusammen, solange Flocke in der Box lebte. Vilma, eine weitere Eisbärin im Gehege, zog in den Zoo nach Rostock um.

Als Flocke groß genug war, um in die Bärenanlage zu gehen, kam sie in das Gehege neben ihrer Mutter Vera. Die beiden waren durch eine Glasscheibe getrennt. Am Anfang wurde Flocke vormittags und nachmittags einige Stunden ins Freie gelassen. Wenn sie dabei müde wurde, konnte sie sich hinter umgekippte Baumstämme zurückziehen. Die Pfleger gaben ihr viele Leckereien, um ihr das Leben an der frischen Luft so

Ein wichtiges Mittel, um Eisbären zu beschäftigen, ist ihr Futter. Wenn es eingefroren serviert wird, haben Bären wie Vera viel länger Spaß damit.

schmackhaft wie möglich zu machen. Nachts schlief Flocke im Eisbärenstall im Gehege. Damit sie sich nicht an eine völlig neue Umgebung gewöhnen musste, zog sie mitsamt ihrer Schlafbox in den Stall. In den ersten Nächten war sie unruhig und schlief deshalb nicht allein: Ein Pfleger war bei ihr, der in ihrer Nähe blieb.

Wie alle Tierkinder spielt Flocke liebend gern.

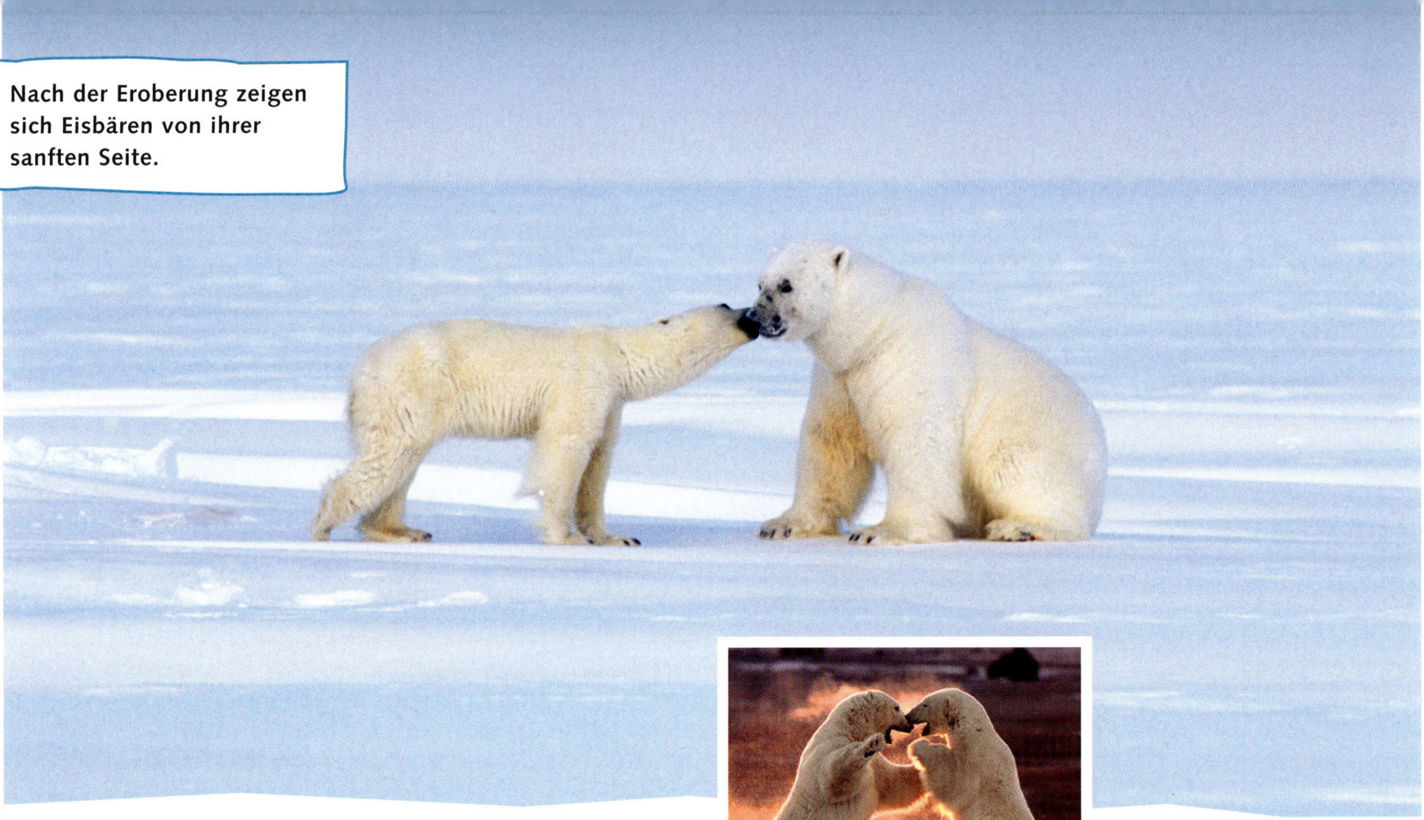

Nach der Eroberung zeigen sich Eisbären von ihrer sanften Seite.

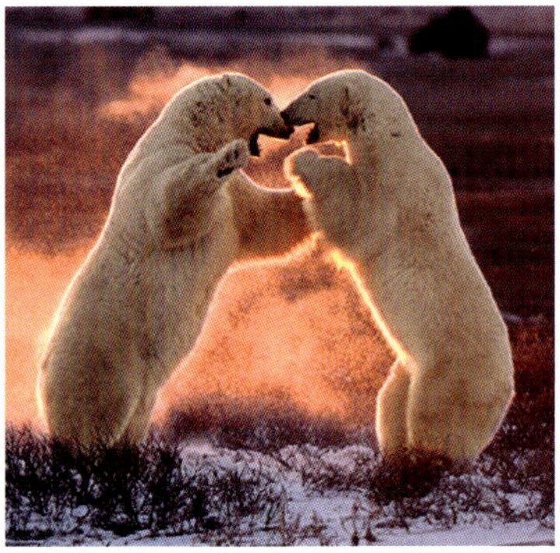

Manchmal kämpfen mehrere Bären um das Recht, sich mit einem Weibchen zu paaren.

Neues Leben

Im Frühjahr kommen Eisbärenmännchen, die Bullen, und Eisbärinnen zur Paarung zusammen. Bei der Partnersuche spielt die feine Eisbärennase eine wichtige Rolle: Duftstoffe in Kot und Urin zeigen die Paarungsbereitschaft der Weibchen an. Das riechen die Eisbären und folgen auf ihren Streifzügen der Spur des Weibchens.

Im Frühjahr 2007 gelang es Besuchern des Tiergartens, Vera und Felix bei der Paarung zu beobachten.

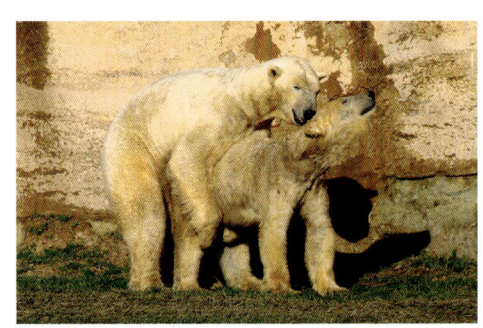

Hat sich das Paar gefunden, geht es anfangs nicht gerade zärtlich zu, denn das Weibchen wehrt das Männchen oft mit Bissen ab. Wenn er es aber genug umworben und schließlich erobert hat, darf der Eisbär dem Weibchen liebevoll am Ohr knabbern.

Nach der Befruchtung ruht das Ei im Körper des Weibchens bis in den Herbst. Nach weiteren drei Monaten Tragzeit werden Eisbären geboren, die vergleichsweise winzig sind. Das liegt daran, dass das befruchtete Ei erst dann in der Bärin zum Baby heranwächst, wenn sie dick genug ist, um den langen Winter in der Höhle mit ihren hungrigen Kindern zu überstehen. Hat sich die Eisbärin zu wenig Speck angefressen, kann sie keine Kinder bekommen.

In Nürnberg gab es früher regelmäßig Handaufzuchten.

Die Bärin Centa zog mehrere Jungtiere erfolgreich alleine auf.

Diese Zwillinge kamen im Dezember 2004 im Rostocker Zoo zur Welt.

Aufwachsen im Zoo

In der Wildnis ziehen Eisbärenmütter meistens zwei Kinder in ihren Schneehöhlen auf. Manchmal ist es nur ein Junges, sehr selten bekommt eine Bärin Drillinge.

Im Zoo ist das nicht anders. Für Eisbärenbabys im Zoo ist es besser, von ihren Müttern aufgezogen zu werden, als die Flasche zu bekommen. Sie haben dann größere Chancen, später selbstständige Eisbären zu werden. Früher waren Handaufzuchten in den Zoos recht häufig, da in den Anlagen kaum Platz für Mütter mit Nachwuchs war. Wenn eine Eisbärin nach etwa drei Monaten ihre Wurfhöhle verließ, trennte man daher häufig die Kinder von den Müttern und zog die Kleinen mit der Flasche auf.

Seit 1948 werden in Nürnberg mit großem Erfolg Eisbären gezüchtet und an Zoos in Europa, Nordamerika und Japan abgegeben. Bis in die 1960er-Jahre wurden in Nürnberg 20 Bären mit der Hand aufgezogen, später konnte ein zweites Gehege gebaut werden. Hier zogen seither Bärenmütter sieben Kinder natürlich groß. 2004 wurde das heutige Gehege errichtet, in dem Bärenfamilien noch mehr Ruhe und Platz haben.

Bei Handaufzuchten besteht leider immer die Gefahr von Verhaltensstörungen. Das wollen die Nürnberger Pfleger verhindern, indem sie Flocke so artgerecht wie möglich aufziehen.

Lebensstart in der Höhle

Trächtige Eisbärinnen laufen im Oktober oft sehr weite Strecken, um eine geeignete Wurfhöhle zu finden. Meistens suchen sie eine Schneewehe, die von der Sonne gewärmt wird. Die Bärin gräbt einen Gang hinein und schaufelt mit ihren großen Tatzen eine Höhle frei. Dann lässt sie sich einschneien. Ihre Körperwärme macht es drinnen kuschelig warm, auch wenn draußen eisige Minusgrade herrschen. Im Dezember kommen die Jungen zur Welt. Anfangs sind sie noch ganz hilflos: nackt, blind und taub und gerade so groß wie ein Meerschweinchen. Nach zehn Tagen haben sie bereits ein weiches, dünnes Fell. Kaum sind die Augen nach etwa vier Wochen offen,

fangen die Kleinen an zu spielen. Sie graben später kleine Gänge in den Schnee, jagen sich oder spielen mit der Mutter, wenn sie nicht gerade an ihren Zitzen saugen oder schlafen. In dieser Zeit verlässt die Mutter die Höhle nicht. Sie schmust mit den Kleinen, leckt sie und macht sie sauber. Bis zu neun Monate frisst die Eisbärin nichts. Sie lebt von einer dicken Fettschicht, die sie sich vor der Geburt ihrer Jungen angefressen hat.

Nach Monaten in der Wurfhöhle verlässt die Bärin das sichere Versteck mit ihren Jungen.

Außerhalb der Höhle können die Jungen das erste Mal herumtollen.

30

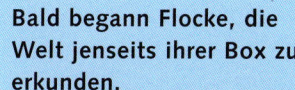
Bald begann Flocke, die Welt jenseits ihrer Box zu erkunden.

Flocke wird im März langsam zu groß für ihre Box. Sie braucht mehr Auslauf.

Flockes Ersatzhöhle

Flocke lebte während ihrer ersten Wochen im Nürnberger Tiergarten in einer Kiste. Die Wurfbox war ringsherum mit sechs Zentimeter dickem Styropor gepolstert. Das ist weich und hält warm. Darauf lag ein großes Federbett, das mit Handtüchern bedeckt war. Mit den Tüchern konnten die Pfleger Flockes Kot und Urin schnell wegräumen, denn Eisbären werden nicht stubenrein wie Hunde. Über ihrer Box hing außerdem in den ersten Wochen eine Wärmelampe, damit Flocke nie frieren musste. Wenn Flocke schlief, kuschelte sie sich an ihren Stoffeisbären.

Doch nach acht Wochen war Flockes Bewegungsdrang so groß, dass die kleine Box zu eng wurde. So zimmerten die Schreiner des Tiergartens eine große Kiste für sie. Die Kiste hatte eine Tür für die Pfleger und war oben offen. Die Wände des Raumes, in dem die Kiste stand, waren bedeckt mit Fan-Post: Viele, viele Kinder hatten Bilder von Flocke gemalt und an den Zoo geschickt.

Eisbären paddeln beim Schwimmen mit ihren Vorderpfoten und benutzen die Hinterbeine als Ruder.

Mehrere Jahre ziehen Mutter und Jungtiere gemeinsam durch die Arktis.

Bärenfamilienleben

Eisbärenkinder bleiben bis zu drei Jahre bei ihrer erfahrenen Mutter. Die Kleinen lernen von ihr zum Beispiel das Jagen: Sie beobachten, wie sich die Mutter anschleicht und stundenlang wartet, bis eine Robbe zum Luftholen aus einem Eisloch auftaucht. Wissenschaftler vermuten, dass die Mutter ihren Jungen auch die traditionellen Wanderwege der Eisbären zeigt.

Vieles können Eisbärenbabys jedoch schon von Geburt an. Das nennt man Instinkt. Sie wissen zum Beispiel automatisch, wo die Zitzen zu finden sind und wie sie schwimmen müssen. Lange Zeit schwimmt die Mutter aber als „Bademeis-

ter" mit ihren Babys. Denn die wissen zwar instinktiv, wie sie im Wasser vorwärtskommen, doch dass sie auch umdrehen und zurückschwimmen müssen, bringt ihnen die Mutter bei. Sie packt ihre Kinder dazu am Nacken und dreht sie um. Wenn die verspielten Kleinen zu wild werden, brüllt die Mutter oder packt sie auch mal, um sie zurechtzuweisen.

Auch von ihren Geschwistern lernen Eisbärenjungen viel: Schnell wird im Spiel deutlich, wie sie ihre Kräfte einzuschätzen haben und wer der Stärkere ist. Der Schwächere lernt, sich zu ergeben, der Stärkere, seine Kraft zu dosieren.

Flockes erste Schwimmversuche

Der Instinkt lässt Eisbärenkinder die richtigen Paddelbewegungen machen, sodass sie schwimmen können. Einzig der richtige Moment musste bei Flocke abgewartet werden. Anfangs tapste sie neugierig ins flache Wasser und steckte ihre Schnauze unter die Oberfläche. Danach wischte sie sich mit den Pfoten die kitzelnden Tropfen schnell wieder ab.

Als sie im tieferen Wasser plötzlich den Boden nicht mehr unter den Tatzen spürte, wurde sie für einen Moment unruhig. Doch Tierpflegerin Stefanie Krüger war auf diese Situation vorbereitet: Schnell stützte sie Flockes Bauch ein wenig mit den Händen. Sofort fühlte sich Flocke wieder sicher – und paddelte los. Nach kurzer Zeit hatte sie auch begriffen, dass sie die Richtung ändern

Die Wassermenge in Flockes Übungsbecken wurde nach und nach erhöht. Bald gab es für Flocke kaum etwas Schöneres, als mit einem perfekten Bauchplatscher ins Wasser zu springen.

muss, wenn sie wieder an Land kommen will. Als sie aus dem Wasser kam, wurde sie mit einem Handtuch trocken gerubbelt. Eigentlich ist das nicht nötig, da das Fell so dicht und fettig ist, dass ein Schütteln genügen würde, um den Pelz zu trocknen. Doch so eine Massage tut gut!

Für die Tierpfleger war es spannend zu sehen, wie Flocke auf Wasser reagiert.

Die Nahrung der Eisbären

Robben gelingt es manchmal, ihrem Jäger zu entwischen. Dann flüchten sie wieder ins Wasser. Dort sind die schnellen Schwimmer sicher.

Zum Überleben braucht ein Eisbär etwa eine Robbe pro Woche – am liebsten eine Ringelrobbe. Doch ihr Leibgericht können die Bären nur jagen, wenn das Eis sie trägt. Polarbären fressen außerdem junge Walrosse, Belugawale, Narwale, Fische, Seevögel und deren Eier. Im Sommer stehen Kadaver, Mäuse, Schneehühner oder Schneehasen auf dem Speiseplan, manchmal auch Moose und Beeren.

Nur selten erbeuten Eisbären Robben an Land, denn oft kommen diese gar nicht ganz aus dem Wasser heraus. Sie tauchen nur kurz an Atemlöchern im Eis auf, um Luft zu holen. Was die Robbe unter Wasser nicht sehen kann: Am Rand des Loches lauert der Eisbär – wenn es sein muss, stundenlang, ohne sich zu bewegen. Denn das würde ihn verraten. Wenn die Robbe auftaucht, schlägt der Eisbär blitzschnell mit der mächtigen Pranke zu und schleudert seine Beute aufs Eis. Junge Bären werden bis zu zwei Jahre von der Mutter gesäugt. Wenn die Bärin nach der Zeit in der Höhle wieder jagen kann, lässt sie die Kleinen von ihrer Beute probieren und gibt ihnen die besten Stücke. Später teilt sich die kleine Familie die Beute. Sobald die Jungen selbstständig sind und alleine jagen, werden sie für die Mutter zu Konkurrenten um das Futter. Die Bärin drängt sie deshalb weg.

Manchmal fressen Bären auch Kadaver.

Beim „Schollensprung" stößt sich ein Eisbär wie ein Schwimmer auf dem Startblock mit den Hinterbeinen ab und legt so seine ganze Kraft in die Vorderbeine.

Aus Hundemilchpulver, Vitaminzubereitungen sowie Maissirup als Verdauungshilfe wurden die Fläschchen für Flocke mit warmem Wasser zubereitet. Anfangs trank sie alle vier Stunden 70 ml, Mitte Januar schon alle fünf Stunden 150 ml. Mitte Februar trank Flocke täglich bereits über einen Liter Milch. Ab März bekam sie neben dem Fläschchen auch Milchbrei mit Hundefutter aus dem Napf.

Bärenhunger

Flockes Milch im Fläschchen war sehr fett. Nur deshalb konnte sie so schnell zunehmen. Damit Flocke gesund blieb, wurde die Milch mit Vitaminen angereichert. Mit drei Monaten mischten

Flockes Mutter Vera, die fünfjährige Bärin, die im Gehege nebenan lebt, wog im Frühling 2008 etwa 230 Kilogramm. Vater Felix (6 Jahre) brachte 350 Kilogramm auf die Waage. Die Eltern fressen jeden Tag bis zu acht Kilogramm Fleisch, Fisch, Gemüse, ein bisschen Öl und Salat.

die Pfleger Hundefutter unter die Welpenmilch. In dieser Zeit bekam Flocke auch ihren ersten Knochen. Sie fand es toll, daran herumzuknabbern, gleichzeitig stärkte das Kauen ihre Milchzähne. Als Flocke Anfang April ins Freie gelassen wurde, brauchte sie die Flasche schon nicht mehr, da sie ihre Mahlzeiten aus dem Napf schlabberte. Flockes Speiseplan wurde langsam erweitert. Als Zwischenmahlzeit bekam sie Hackfleisch oder Rippchen, die sie abnagen konnte.

Wenn die Pfleger mit ihr vor Publikum spielten, wurden ihr kleine Fische wie Sprotten und Heringe zugesteckt. Doch auch Gemüse und Obst mag sie gerne: An Weintrauben kann sich Flocke gar nicht satt essen, auch Melonen findet sie sehr lecker.

In freier Wildbahn kann es passieren, dass der Vater seinen eigenen Nachwuchs angreift.

Eine Bärin und ihr überlebendes Kind trauern um das tote Geschwisterchen.

Eisbären und ihr Nachwuchs

Die größten Feinde des Eisbären an Land sind seine eigenen Artgenossen. Besonders junge Bären müssen sich vor älteren Artgenossen in Acht nehmen, da sie manchmal von ihnen gefressen werden. Unter Wasser können Eisbären nur Schwertwale gefährlich werden. Viele Bären sterben aber nicht durch Feinde, sondern durch Parasiten. Über rohen Fisch, den Eisbären fressen, können Würmer in ihren Darm gelangen und die kräftigen Raubtiere erheblich schwächen. Viele Bärenkinder sterben in freier Natur: Forscher schätzen, dass mindestens 20 Prozent der in Spitzbergen und bis zu 27 Prozent der in Kana-da geborenen Bärenkinder das erste Lebensjahr nicht überleben. Manchmal werden sie von ihrer Mutter getötet. Besonders bei ihrer ersten Mutterschaft sind die weiblichen Tiere unsicher und brechen bei Problemen die Aufzucht ab.

Stirbt eines der Jungen, trauert auch eine Eisbärenmutter. Vor allem dann, wenn die Kinder schon etwas größer sind und sich die Bindung zwischen der Bärin und ihren Jungtieren gestärkt hat. Forscher haben beobachtet, wie eine Mutter ihr totes Kind anstupste. Dann blieb sie die ganze Nacht bei dem toten Jungen. Erst am nächsten Tag zog sie mit ihrem gesunden Kind weiter.

Flockes Mutter

Wilde Eisbären werden 20 bis 30 Jahre alt. Weil Eisbären im Tierpark keine Feinde, viel Ruhe und immer ausreichend zu fressen haben, werden die Tiere in den Zoos oft älter. Der älteste in Gefangenschaft lebende Eisbär starb mit 43 Jahren. Auch Zootiere macht der Verlust eines ihrer Jungen traurig. Für die Eisbärin Vera war der Moment, als ihr die Pfleger Flocke wegnehmen mussten, schlimm und verwirrend. Sie suchte das ganze Gehege nach dem verloren gegangenen Kind ab. Auch in den darauffolgenden Tagen war Vera sehr nervös. Das änderte sich, sobald sie – wie vor Flockes Geburt – jeden Tag um 14.30 Uhr gefüttert wurde. Durch diese Regelmäßigkeit gewöhnte sich Vera bald wieder an ihren Alltag.

Vielleicht wird sich Vera beim nächsten Baby anders verhalten: Sie hat gesehen, dass sie ihren Nachwuchs verliert, wenn sie ihn zu früh aus der Höhle schleppt.

Flocke und Vera betrachten sich durch die Scheibe, die ihre Gehege voneinander trennt.

Inzwischen hat sich Vera von der Trennung erholt. Möglicherweise ist sie sogar bereits wieder trächtig.

Die Arktis – ein bedrohtes Gebiet

Die größten Feinde des Eisbären sind der Mensch und der durch ihn verursachte Klimawandel. Nur die Inuit dürfen einige Tiere jagen. Diese eingeschränkte Jagd gefährdet das Überleben des

Eisbären jedoch nicht. Bedrohlich ist vielmehr der Treibhauseffekt: Wenn wir Öl oder Kohle verbrennen, damit zum Beispiel unsere Häuser warm werden oder unsere Fabriken laufen, oder wenn wir Auto fahren, steigen Gase in die Luft. Diese Gase – Kohlendioxid ist eines davon – werfen wie eine Decke die von der Erde abgestrahlte Sonnenwärme zurück. Auf der Erde wird es dadurch immer wärmer, wie in einem Gewächshaus. Deshalb schmilzt auch das Eis in den Polarregionen. Forscher haben herausgefunden, dass das Arktiseis seit 1978 alle zehn Jahre um knapp zehn Prozent weniger wird. Das Eis in der Hudson Bay in Kanada, wo viele Eisbären leben, taut jetzt schon zweieinhalb Wochen früher im Jahr als noch vor wenigen Jahrzehnten. Und es friert später zu. So haben die Bären weniger Zeit, um nach Robben zu jagen. Die Eisbären sind heute im Durchschnitt dünner und kleiner, sie wiegen weniger als früher. Eisbärinnen können in manchen Jahren nicht ausreichend fressen, um ihre Jungen großzuziehen.

Der Lebensraum der Polarbären verändert sich sehr schnell.

Satellitenfotos zeigen, wie sehr die Eisdecke in der Arktis schrumpft: Die Aufnahmen vom September 1979 (oben) und vom September 2005 (unten) belegen das große Ausmaß der Veränderungen durch die globale Erwärmung, die langsam den Lebensraum der Polartiere zerstört. Besonders die Eisbären können mit der schnellen Veränderung ihrer Lebensbedingungen nicht Schritt halten.

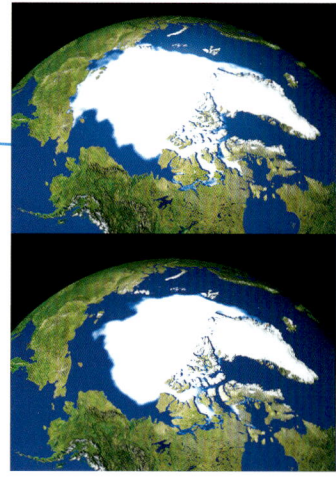

Gifte in der Umwelt

In der Arktis spülen große Schiffe ihre Tanks, wodurch Schwermetalle, Gifte und Öl ins Wasser gelangen. Die Fische sind das erste vergiftete Glied in der Nahrungskette. Sie werden von Robben gefressen. Weil der Eisbär wiederum Robben frisst, speichert sich das Gift auch in seinem Fett. Manchmal wird das Eisbärenfell von Öl verklebt, sodass es die Tiere nicht mehr vor Kälte schützen kann. Wenn der Eisbär das Öl ableckt, gelangt auch dieses Gift in den Körper und wird ebenfalls im Fett gespeichert. Viele Eisbären sterben in den Winterhöhlen, weil sie in dieser Zeit von ihren Fettreserven leben und das Gift ins Blut gelangt. In der Arktis werden reiche Bodenschätze wie Erdöl und Erdgas vermutet. Die Bohrungen im frostigen Boden sind aber an manchen Orten so störend, dass die Bären in den Winterhöhlen nicht ruhen können. Doch nur, wenn ein Bär ruht, kann er seine Energie sparen und sicher durch den Winter kommen.

Öl- und Erdgaspipelines durchziehen die arktische Tundra. Tankschiffe befahren die polaren Meere. Bei Unfällen ist vor allem die Tierwelt betroffen.

Forscher betäuben Eisbären, um
ihnen Blut abnehmen zu können,
ihren Gesundheitszustand zu
überprüfen und sie zu vermessen.

Manchmal werden Forscher
selbst zu Beobachtungs-
objekten, denn Polarbären
sind sehr neugierig.

Um die Tiere wiedererkennen zu
können, bekommen sie eine Mar-
kierung, etwa per Tätowierung.

Auf den Spuren der wilden Bären

Für Forscher ist es wichtig, möglichst viel über Eisbären in freier Wildbahn zu wissen. Nur so können sie die Tiere auch schützen.

Um einen wilden Eisbären untersuchen zu können, wird er meist von einem Hubschrauber aus mit einer Betäubungsspritze beschossen. Sobald der Eisbär schläft, wird er genau unter die Lupe genommen: Hat er Narben? Wie sehen seine Zähne aus? An den Zähnen können Forscher zum Beispiel erkennen, wie alt ein Bär ist. Sie nehmen ihm Blut ab, um es auf Krankheiten zu testen und um eine genetische Untersuchung zu machen.

Die Wissenschaftler können feststellen, ob der untersuchte Bär vielleicht der Vater eines anderen jungen Bären ist.

Damit sie den Eisbären später wiedererkennen, bekommt er eine Ohrmarke oder eine Kennzeichnung auf seinem Fell. Außerdem legen die Wissenschaftler den Tieren manchmal ein Halsband an, das ein Signal zu einem Satelliten sendet. Durch diese Daten können Forscher verfolgen, ob der Eisbär jagt, wandert, in Winterruhe ist oder ob sich die Wanderwege des Bären verändern.

Lernen mit Flocke

Auch Flocke wird im Nürnberger Tiergarten genau beobachtet. Bis heute weiß man zum Beispiel nicht, ab wann sich die rosafarbene Babyhaut schwarz färbt. Da Flockes Leben so gut dokumentiert wird, können auch Zoobesucher viel über Eisbären erfahren. Tierarzt Dr. Neurohr zum Beispiel schnitt Flocke, als sie drei Monate alt war, einige Haare ab und legte sie unters Mikroskop. Er konnte genau erkennen, dass die Haare von Anfang an innen hohl sind.

Die Zoos tauschen ihre Ergebnisse, Erfolge und Probleme bei der Zucht mit anderen Experten aus. Das Europäische Erhaltungszuchtprogramm, das den Fortbestand der Tiere sichern soll, veranstaltet deshalb regelmäßig Treffen. Die Experten arbeiten eng zusammen, um voneinander lernen zu können.

Ein Bärenhaar unter dem Mikroskop

Die Haare von Eisbären sind innen hohl und mit Luft gefüllt. Die Sonne erwärmt die Luft im Inneren und schützt die Tiere so vor der beißenden Kälte in ihrem natürlichen Lebensraum. Das Bärenfell wirkt durch die große Dichte des Pelzes weiß, die Haare sind jedoch unpigmentiert.

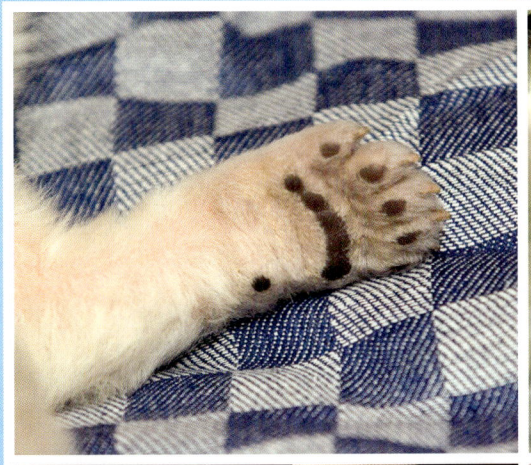

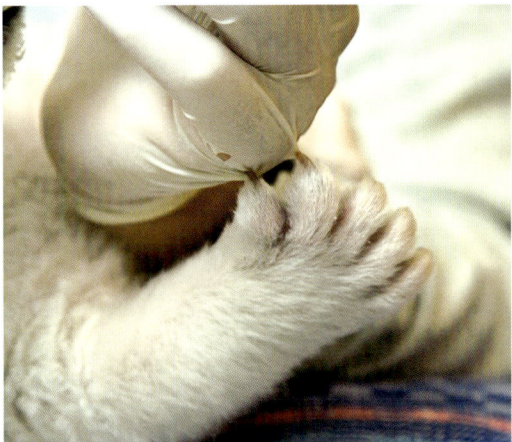

Aus den kleinen, weichen Pfoten des Babys wurden im Laufe der Zeit immer größere und kräftigere Pranken mit starken Krallen. Damit kann Flocke im Wasser paddeln, klettern oder auch Dinge festhalten und zerlegen.

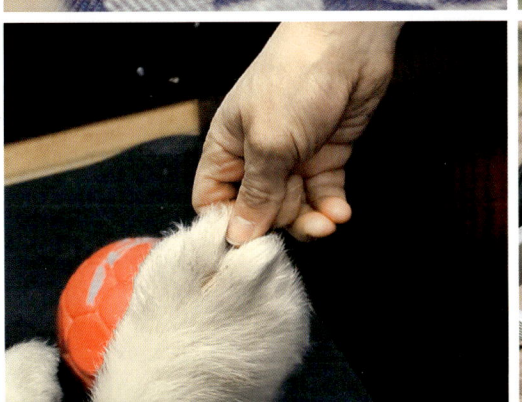

Eisbärenfans aus der ganzen
Welt buchen in Churchill
Safaris: Mit einem Tundra-
Buggy geht es nah an die
Tiere heran. Das Spezialfahr-
zeug ist gepanzert. Daher
kann sogar ein ausgewach-
sener Bär ganz nah ans
Fenster kommen, ohne dass
die Menschen gefährdet
werden.

Von Bären und Menschen

Bärenforscher sind sich einig: Wenn man in freier Wildbahn einem Eisbären gegenübersteht, ist es das Beste, man hat ein Gewehr zur Hand. Denn der Eisbär ist eines der größten Landraubtiere und dementsprechend gefährlich.

Doch es gibt auch Gelegenheiten, wilde Eisbären gefahrlos aus der Nähe zu betrachten. An der Hudson Bay in Kanada liegt die Stadt Churchill. Von September bis November wird die Stadt zur Eisbären-Hauptstadt der Welt. Denn im Sommer, wenn die Eisbären nicht jagen können, weil die Bucht dann eisfrei ist, finden sie auf dem Festland Beute. Dort warten Hunderte von Tieren, bis die Hudson Bay zufriert, um auf dem Eis Robben aufzulauern.

Dabei unternehmen die Eisbären auch Entdeckungsreisen nach Churchill: Sie streifen durch die Straßen, wühlen im Müll nach Essbarem oder treiben sich in Gärten herum. Kinder dürfen um diese Jahreszeit nur unter Aufsicht draußen spielen, rund um den Ort werden Fallen aufgestellt. Es gibt sogar ein Eisbärengefängnis! Hierher kommen Bären, die kaum mehr Scheu vor Menschen haben. Sie bekommen nur Wasser und müssen fasten, bis sie mit einem Hubschrauber weiter in den Norden geflogen werden können. Würde man die Tiere füttern, kämen die klugen Räuber im nächsten Jahr wieder.

Müllkippen sind
für Eisbären so
verlockend, dass
sie auch ihre
Scheu vor Feuer
nicht abschreckt.

Berühmte Bären

Die Schönheit und Stärke der Raubtiere inspiriert uns Menschen seit Langem. Bei den Inuit gibt es viele Geschichten über Nanuk, den Wanderer. Sie sagen ihm übernatürliche Kräfte nach. Die alten Griechen kannten Ursa Major, die große Bärin, die als Wächterin des Polarsterns und der Weltachse galt. Wenn man in den europäischen Nachthimmel schaut, kann man das Sternbild „Großer Bär" mit seinen sieben, waagenförmig angeordneten Sternen gut erkennen. Und vom griechischen Namen „Arktos", der Bär, wurde der Begriff „Arktis" abgeleitet. In Grönland schmückt der Eisbär sogar das Landeswappen. Dabei wurde auf jedes Detail geachtet: Der Bär streckt die linke Vorderpranke nach oben, weil der Eisbär nach Ansicht der Inuit immer mit der

linken Pranke die Robben auf dem Eis erlegt. Auch Münzen tragen manchmal das Bild des Tieres. Knut, der Berliner Zoobär, wurde berühmt und in vielen Produkten wie Gummibärchen, T-Shirts und Plüschtieren verewigt. Als Filmhelden kann man die Polartiere ebenfalls bestaunen, zum Beispiel „Lars, der kleine Eisbär" oder die gepanzerten Bären in „Der goldene Kompass".

Knut mit einem Jahr

Diese Bärenfiguren wurden von Inuit vor über 500 Jahren geschnitzt.

Arterhaltung im Zoo

Wenn der Klimawandel fortschreitet, der Mensch die Umwelt nicht schützt und der Lebensraum der Eisbären weiter zerstört wird, sind die majestätischen Polarbären bald ausgestorben. Um den Menschen die Folgen des Klimawandels zu zeigen, könnte man im Zoo auch einen schmelzenden Eisberg ausstellen. Doch deshalb würde niemand auf das Auto verzichten und stattdessen mit der Eisenbahn oder dem Fahrrad fahren, oder Energiesparlampen kaufen, oder auf Klimaanlagen verzichten, oder Glasflaschen statt Plastikflaschen verwenden, oder mehr Bäume pflanzen ... Die Zoos züchten Eisbären nicht, um sie auszuwildern – das geht nicht, weil sie in der Wildnis ohne Auswilderungsprogramm nicht überleben würden. Die Zoos züchten die weißen Riesen, weil wir sie lieben. Und nur was der Mensch liebt, das schützt er auch. Wer Eisbären schützt, hilft auch allen anderen Tieren in der Polarregion wie dem Polarfuchs, dem Eistaucher und dem Schneehasen – und letztlich damit dem Menschen.

Bei der Zucht im Zoo hilft das Europäische Erhaltungszuchtprogramm (EEP) des Zoos in Amsterdam. Das EEP will das Aussterben von Tieren verhindern. Deshalb „reisen" Eisbären durch alle europäischen Zoos, um sich fortzupflanzen. Dabei achtet das EEP darauf, dass die Bären zusammenpassen und gesund sind. Hierbei hilft das Zuchtbuch, das der Koordinator für diese Tiere in Rostock führt. Darin wird jeder Eisbär registriert.

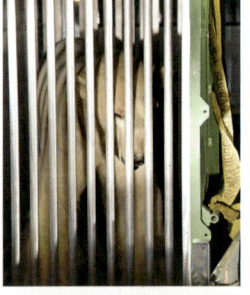

European Endangered Species Programme

Nach seiner Rückkehr nach Nürnberg fand sich Felix schnell wieder zurecht und verstand sich gut mit Vera.

Felix, Flockes Vater, ist zurzeit viel auf Reisen durch Europa, da er mit seinen Partnerinnen wie ein Gentleman umgeht und ein gutes Zuchtalter hat. Nachdem er sich im Frühling 2007 mit Vera gepaart hatte, lebte er später im Zoo in Gelsenkirchen. Im Februar kehrte er nach Nürnberg zurück, wo Vera hoffentlich wieder von ihm trächtig wurde. Im April wurde Felix an einen Zoo in Dänemark abgegeben, um dort ebenfalls für pelzigen Nachwuchs zu sorgen. Felix scheint sein momentanes Wanderleben nicht zu missfallen: Er geht gern in seine Transportkiste.

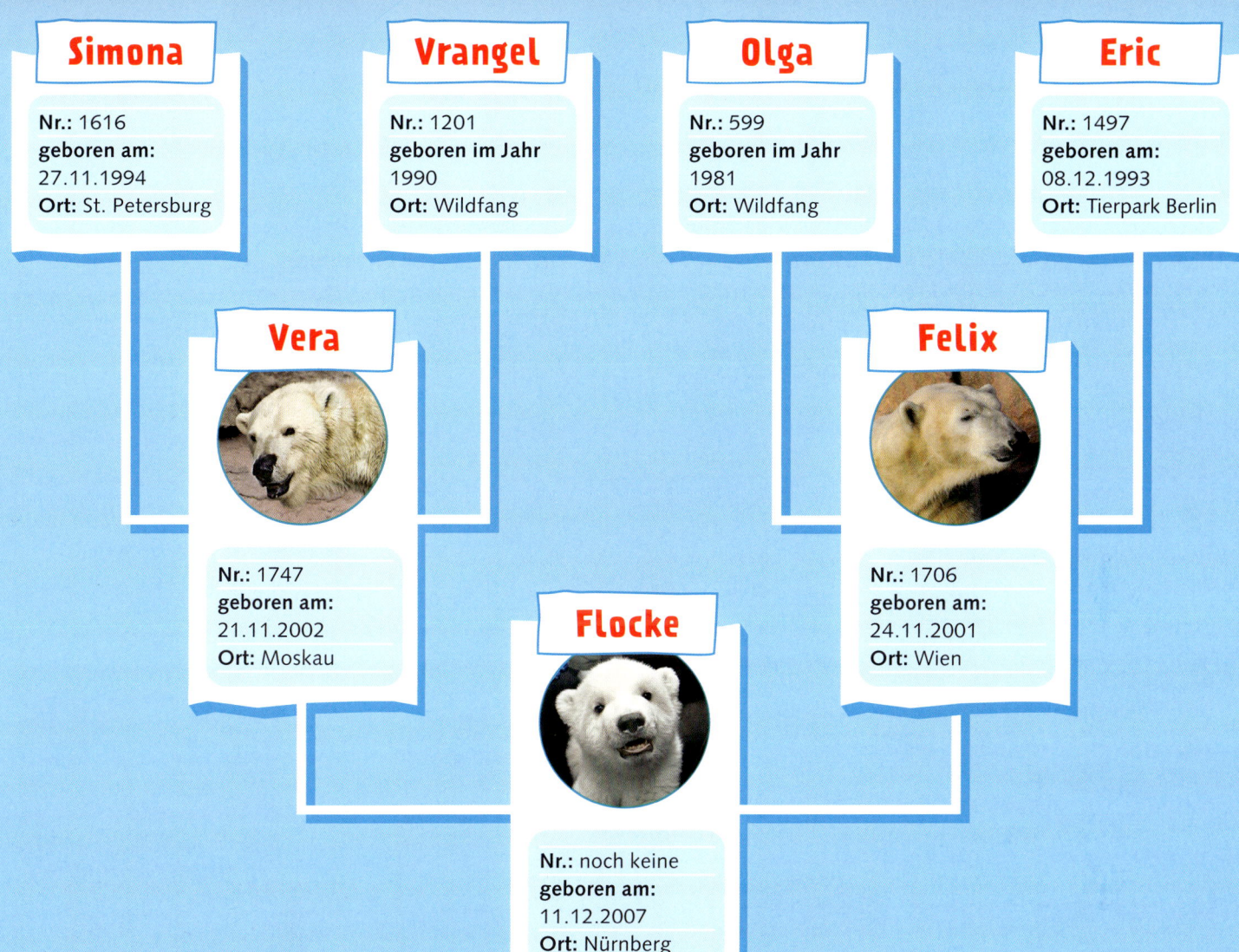

Simona

Nr.: 1616
geboren am:
27.11.1994
Ort: St. Petersburg

Vrangel

Nr.: 1201
geboren im Jahr
1990
Ort: Wildfang

Olga

Nr.: 599
geboren im Jahr
1981
Ort: Wildfang

Eric

Nr.: 1497
geboren am:
08.12.1993
Ort: Tierpark Berlin

Vera

Nr.: 1747
geboren am:
21.11.2002
Ort: Moskau

Felix

Nr.: 1706
geboren am:
24.11.2001
Ort: Wien

Flocke

Nr.: noch keine
geboren am:
11.12.2007
Ort: Nürnberg

Flockes Familie im Zuchtbuch

In europäischen Zoos leben derzeit etwa 140 Eisbären, die untereinander ausgetauscht werden, um für Nachwuchs zu sorgen. Ziel ist es, auch in Zukunft den Bestand der Zoos stabil zu halten und die Tierart zu bewahren.

Für jede „Familie" gibt es ein Zuchtbuch, in dem man folgende Daten findet: eine Nummer für jedes Tier, die Nummern der Eltern, das Geschlecht, woher das Tier stammt, wo es bereits gelebt hat, den Geburtstag und den Todestag. Es ist auch verzeichnet, ob das Tier ein Wildfang war. Viele Informationen tauschen die Zoo-Chefs auch untereinander im persönlichen Gespräch aus, zum Beispiel dass Vilma eine etwas zickige Eisbärendame ist und Felix als besonders freundlicher Bulle gilt.

Flocke ist inzwischen gut an Kameras gewöhnt und lässt sich von den Filmteams kaum stören. Mehr als 430 Presseleute berichteten von Flockes erstem Auftritt im Bärengehege.

Ralf Schedlbauer war in den ersten Monaten Flockes Fotograf.
„Beim Fotografieren von Tieren braucht man ganz viel Geduld. Ich kann Flocke ja nicht sagen: ‚Stell dich jetzt bitte mal so hin!'" Zwei- bis dreimal in der Woche besuchte Herr Schedlbauer Flocke. „Sie wurde immer frecher. Wenn ich nicht aufpasste, zwickte sie mich in die Hose. Und meine Kamera fand das neugierige Tier so aufregend, dass es oft die Nase auf die Linse drückte."

Flocke und die Öffentlichkeit

Am 11. Dezember 2007 wurde Flocke geboren. Einen Monat später suchte die Stadt Nürnberg einen Namen für das Baby. Schon in den ersten 24 Stunden trafen online bei der Stadt 6 500 Vorschläge ein. Insgesamt schickten über 50 000 Menschen aus vielen Ländern ihren Lieblingsnamen. Das waren so viele, dass kurzzeitig der Server streikte. „Flocke" gefiel der Jury am besten. An dem Tag, als Flocke getauft wurde, waren so viele Journalisten wie noch nie im Rathaus, um darüber zu berichten. Flocke hat Freunde in Saudi-Arabien, in Argentinien, in Schweden, ja selbst in Kanada. In Deutschland wurde Flocke zum Superstar, sie kam sogar regelmäßig ins Fernsehen.

Im Tiergarten wurden viele Geschenke für Flocke abgegeben: selbst gehäkelte Lätzchen, Bettwäsche, eine Eisbärenmütze sowie viele, viele Gedichte, Briefe und selbst gemalte Bilder. Inzwischen gibt es auch zahlreiche Produkte mit dem kleinen Bärchen. Die Einnahmen aus den offiziellen Flocke-Artikeln kommen dem Zoo zugute.

Stella Polaris – Emily – Smilla – Anuuk – Yukiko – Moonshine –
Snowball – Pappu – Mia – Nanoq – Aicha – Yuki Chan – Franka

Bärenfans

Bei den Vorbereitungen für Flockes Umzug ins Eisbärengehege lernten die Nürnberger Tiergärtner viel aus den Erfahrungen der Berliner Kollegen mit Knut. Nachdem bis dahin nur sehr wenige Menschen zu Flocke durften, drängten sich am 8. April Journalisten aus der ganzen Welt vor ihrem Gehege, um die schönsten Fotos von ihrem ersten öffentlichen Auftritt zu machen. Am ersten Besucher-Wochenende kamen 13 000 Fans in den Nürnberger Tiergarten! Doch man war auf den Ansturm vorbereitet. Man hatte neue Kassenhäuschen eingerichtet und extra eine Tribüne mit 500 Plätzen vor dem Eisbärengehege aufgebaut, von der aus jeder Besucher freie Sicht auf Flocke hatte. Allerdings nicht allzu lange: Nach 15 Minuten musste an besucherreichen Tagen gewechselt werden.

Viele Menschen freuten sich darauf, Flocke endlich mit eigenen Augen im Freigehege sehen zu können.

Flocke und ihre Pfleger bekommen im Online-Gästebuch Post aus der ganzen Welt:

I can't English and German very well … Flocke. Guten tag, Flocke!
Busan, Südkorea

Liebe Flocke, jeden Morgen schaue ich im Internet nach, wie es Dir geht. Das macht mich gutgelaunt. Mach weiter so und bleib gesund.
Gudrun aus Windhoek, Namibia

Flocke macht so niedliche Geräusche.
Johanna aus Deutschland

Buon compleanno Flocke!!! Alles Gute zum Geburtstag!!!! Vanessa aus Verona, Italien

Sehr geehrte Herren, könnten Sie bitte die Videos etwas länger machen, damit wir mehr Zeit mit Flocke verbringen können?
Geri und Alex aus Sofia, Bulgarien

Flocke ist ein Sonnenstrahl im grauen Alltag.
Helga aus Toronto, Kanada

Flocke, bist cool!!!
Martina aus Borlänge, Schweden

Dein Besuch bei Flocke

Hier hast du Platz für deine eigenen
Beobachtungen und Fotos von Flocke.

Hier geht's zu
Flockes Gehege!

Tiergarten-Plan

Affenhaus
Naturkundehaus/
Zooschule
Giraffenhaus
Känguru
Papageien
Affenberg
Affenhaus/
Aquarium
Delphinarium
Pater-David-Hirsch

Flamingo Allee
9   Dybowski-Hirsch
10 Altes Flußpferdhaus
    Reptilien/Vögel
11 Somali-Wildesel
12 Mendesantilope
13 Stelzvogelweiher
14 Kraniche
15 Wasservögel
16 Guanako
17 Kleinsäuger

Trampeltierpfad
18 Gelbrücken-Ducker
19 Hoch
20 Eulen
21 Elefan
22 Nashö
23 Kaffe
24 Afrik
25 Krop
26 Kam
27 Kinde
28 Jako
29 Bison
30 Konti
31 Prz

Öffnungszeiten:
Ende März bis Anfang Oktober: 8 Uhr bis 19.30 Uhr
Anfang Oktober bis Ende März: 9 Uhr bis 17 Uhr

Neue Informationen, Filme und
Bilder von Flocke und Wissens-
wertes rund um den Nürnberger
Tiergarten erhältst du zum Beispiel
auf folgenden Internetseiten:

www.tiergarten.nuernberg.de
www.eisbaerflocke.nuernberg.de
www.wasistwas.de/klubtower/blog

48

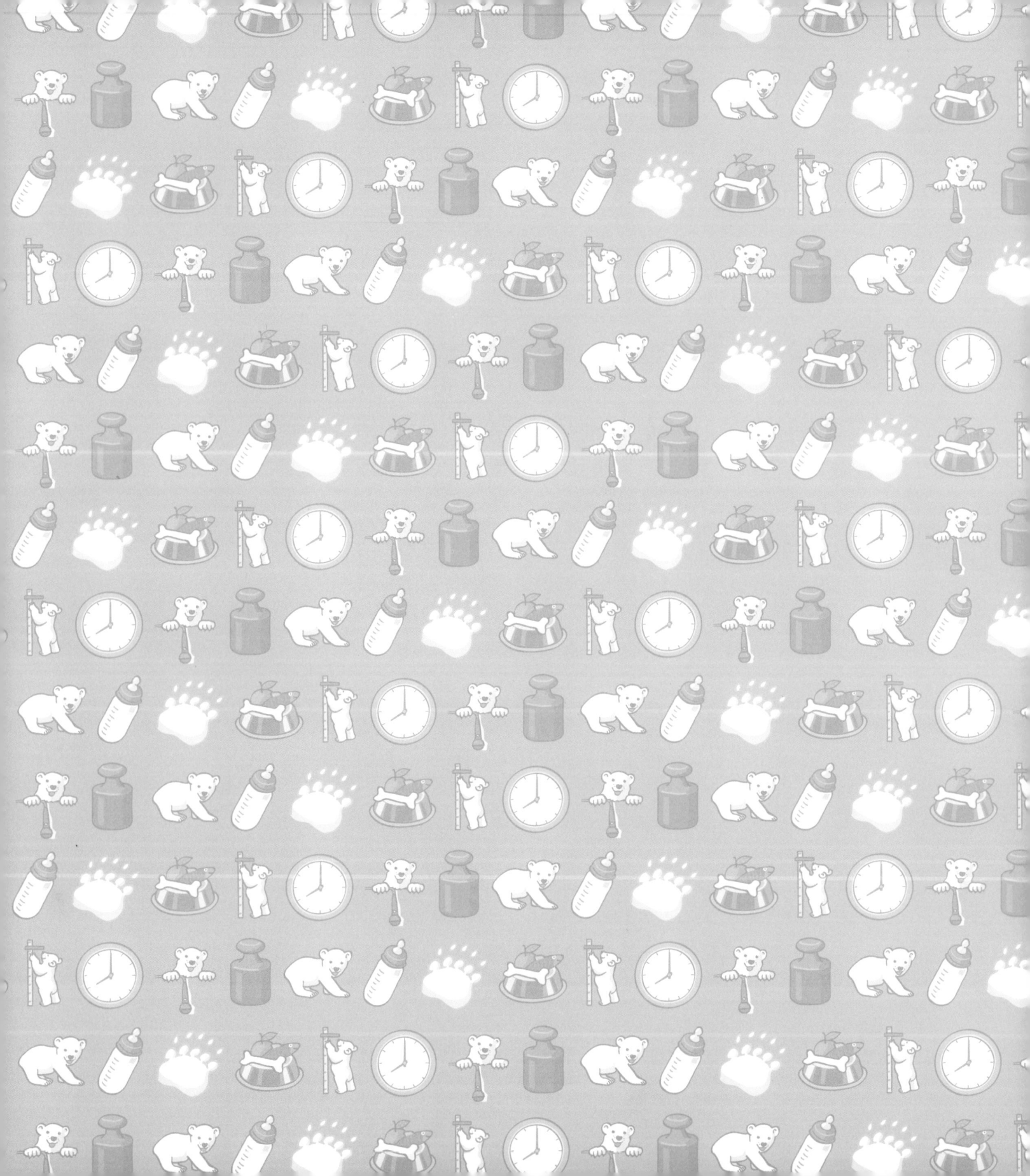